Texte : **Gérard Coulon**
Édition et iconographie : **Sarah Hamon**
Direction artistique : **Thérèse Jauze** et **Armelle Riva**
Mise en page : **Catherine Enault**
Fabrication : **Marie Guibert** et **Thierry Dubus**

Film : ***Pompéi***

Prémastering : **CMC**

Dépôt légal : mars 2014
ISBN : 978 2 215 10817 7
Code MDS : 591495
N° d'édition : M14052
1re édition

Photogravure : SNO
Achevé d'imprimer en février 2014 sur les presses de l'imprimerie Proost (Belgique).
Loi n° 49-956 du 16 juillet 1949 sur les publications destinées à la jeunesse.

Sommaire

4 La naissance de Rome
6 Plus de 1000 ans d'histoire
8 De la République à l'Empire
10 Qui sont les empereurs ?
12 Une religion très présente
14 Par tous les dieux !
16 La société romaine
18 Au cœur de l'armée romaine
20 La vie à Rome
22 Que de loisirs !
24 Dans la maison
26 Les travaux à la ferme
28 Repas et banquets
30 À la mode romaine
32 La vie de famille
34 De grands amateurs d'art
36 Pompéi, cité ensevelie
38 De grands bâtisseurs
40 Les premiers chrétiens
42 La chute de l'Empire romain
44 Quiz
46 Lexique
47 Index
48 Crédits Iconographiques

La naissance de Rome

Si l'on en croit la légende, la ville de Rome a été fondée il y a très longtemps, précisément en 753 avant J.-C. Deux frères jumeaux, Romulus et Remus, seraient à l'origine de cette création.

La légende

Fils du dieu Mars et d'une princesse, Romulus et Remus sont une menace pour leur oncle : il est roi et a peur d'être un jour détrôné par l'un des jumeaux. Alors, il les fait jeter dans le Tibre, le fleuve le plus proche. Le berceau s'échoue sur la rive et une louve allaite les deux bébés, qui sont ensuite recueillis par des bergers. Devenus adultes, ils fondent Rome.
Mais une dispute éclate. Romulus tue son frère et devient le premier roi de la ville.

La réalité

Romulus et Remus n'ont probablement jamais existé, et la ville de Rome n'est pas née en un seul jour. Les archéologues pensent que très tôt, en effet, des bergers ont été attirés par ce site, qu'ils trouvaient très favorable. Ils se sont donc installés près du Tibre et ont fait paître leurs troupeaux sur les flancs des collines. Ils vivaient dans de simples cabanes de bois et de roseaux.

Cette urne en poterie contenait les cendres des morts. Elle a la forme des cabanes des premiers habitants de Rome.

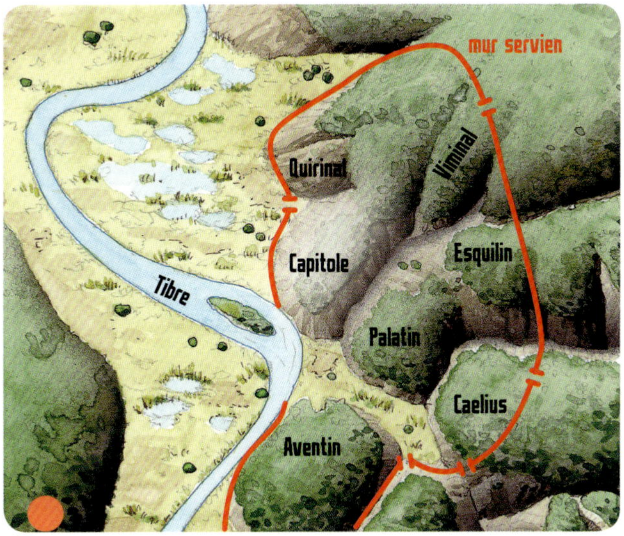

Les sept collines sur lesquelles Rome s'est installée en font une ville facile à défendre.

La domination des Étrusques

Vers 580 avant J.-C. la ville de Rome, encore modeste, est conquise par les Étrusques, un peuple puissant du nord de l'Italie. Ce sont eux qui, d'un groupe de villages, font une véritable ville. Ils assèchent les marais voisins du Tibre et entourent les collines d'une grande enceinte de pierre, le « mur servien », du nom de Servius Tullius, l'un des sept rois étrusques.

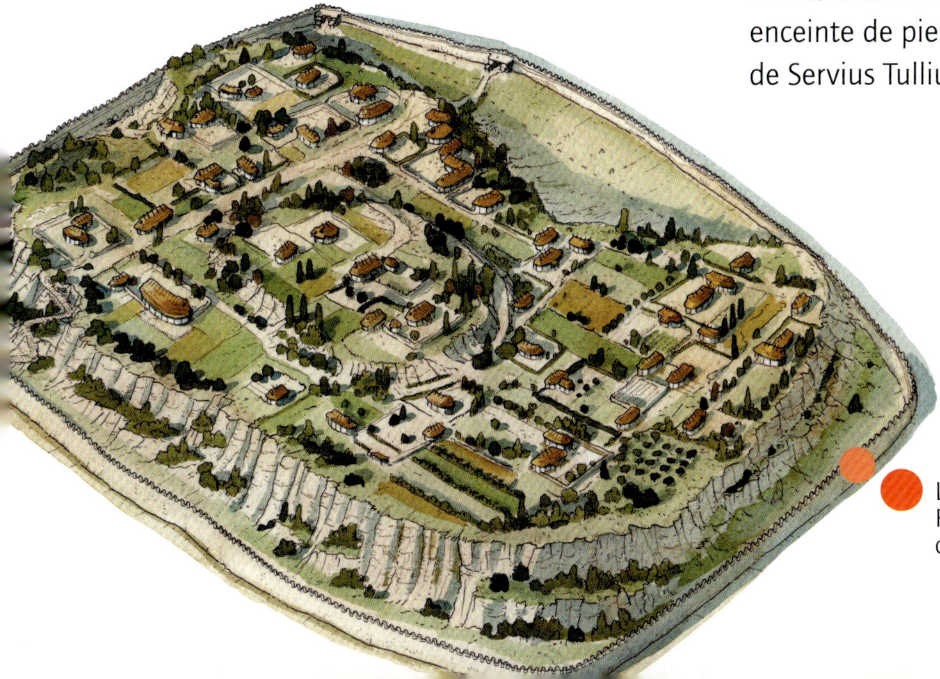

La ville de Rome a été fondée sur le mont Palatin. Voici l'aspect que devait avoir cette colline à l'époque.

Plus de 1000 ans d'histoire

D'abord simple village de bergers, Rome grandit et devient peu à peu le cœur d'un immense empire. Cette ascension prodigieuse, qui se déroule sur plus de 1200 ans, résulte d'une suite de conquêtes faites au gré des circonstances, tout autour de la Méditerranée.

❶ La Rome royale
753 à 509 avant J.-C.

Sept rois se succèdent à la tête de la cité. Le premier est Romulus et les derniers sont des Étrusques, un peuple qui domine alors une partie de l'Italie. Ces rois commencent à aménager la ville mais le dernier, Tarquin le Superbe, est odieux. Les habitants le chassent et fondent la République romaine.

❷ Rome conquiert l'Italie
509 à 272 avant J.-C.

Entourée d'ennemis, Rome passe à l'offensive et bat plusieurs peuples, avant de finalement vaincre les Étrusques. Le sud de l'Italie est à son tour dominé par Rome. Tarente, la dernière ville à résister, est vaincue en 272 : les Romains sont maîtres de toute l'Italie.

❸ Rome domine la Méditerranée
272 à 27 avant J.-C.

La ville de Carthage, en Tunisie actuelle, contrôle les routes commerciales de la mer Méditerranée et menace Rome. Pour assurer leur sécurité, les Romains se risquent hors d'Italie. Après trois longues guerres, Carthage est vaincue. Rome domine alors les pourtours de la Méditerranée.

❹ L'Empire romain
27 avant J.-C. à 235 ap. J.-C.

Auguste, fils adoptif de Jules César, met fin à la République et devient le premier empereur romain. Au total, 26 empereurs se succèdent pendant plus de 250 ans mais, en 235, l'un d'eux, Sévère Alexandre, est tué par ses soldats, et l'Empire entre dans une période de crise.

❺ La fin de l'Empire
235 à 476 ap. J.-C.

Après quelques dizaines d'années, Rome est de nouveau en paix, mais les barbares menacent les frontières. Ils envahissent l'Empire à plusieurs reprises, provoquant sa chute : en 476, le dernier empereur est détrôné. Le Moyen Âge commence.

De la République à l'Empire

Pendant près de cinq siècles, Rome est une république : le peuple est souverain et le pouvoir est partagé collectivement, comme l'indique la devise latine S.P.Q.R., « le sénat et le peuple romain », inscrite sur les monuments et les pièces de monnaie.

Un citoyen vote en déposant dans l'urne une tablette d'argile.

Un pouvoir collectif et partagé

Les citoyens siègent dans des assemblées, les comices, qui désignent des magistrats chargés d'exercer le pouvoir. Pour qu'ils n'aient pas la tentation de rétablir la royauté (dont les Romains ne veulent plus !), ils ne sont élus que pour un an et ils sont deux à occuper la même fonction. Les anciens magistrats forment une assemblée de sages, le sénat, qui compte trois cents membres nommés à vie. C'est la plus haute autorité de l'État.

La marche vers l'Empire

Cependant, quelques généraux et magistrats rêvent d'exercer seuls le pouvoir, comme Jules César, qui devient peu à peu le maître absolu de Rome. Mais son ambition de rétablir la monarchie effraie, et il est assassiné en 44 avant J.-C. Octave, son fils adoptif, tire les leçons de cet échec et se montre prudent. Tout en ménageant les citoyens, il rassemble tous les pouvoirs entre ses mains, mais fait semblant de respecter comices, magistrats et sénat. En 27 avant J.-C., les sénateurs lui confèrent le titre d'Auguste, jusque-là réservé aux lieux et aux objets sacrés. C'est le début de l'Empire romain.

C'est dans ce bâtiment tout simple, reconstruit plusieurs fois sous l'Empire, que siège le sénat, gardien respecté des traditions romaines.

Auguste, premier empereur romain

En théorie, le sénat et l'empereur se partagent le pouvoir. En réalité, l'empereur domine cette assemblée, car c'est lui qui nomme les sénateurs. Il y a encore des magistrats, mais ils n'ont plus aucun pouvoir. Auguste est le général en chef de l'armée, le chef de la religion et il devient un être sacré que l'on vénère un peu comme un dieu.

Qui sont les empereurs ?

Pendant plus de 500 ans, une centaine d'empereurs se succèdent de père en fils ou sont désignés par les soldats. Certains sont célèbres pour leur autorité et leur sagesse, d'autres pour leur cruauté ou leur folie...

Les déments

Caligula (37-41) et **Néron (54-68)** ont tous les deux la réputation de souverains fous et sanguinaires. Pendant son règne, Caligula fait bâtir un palais pour son cheval et envisage même de le nommer consul ! Quant à Néron, il fait tuer sa mère puis, se prenant pour un artiste génial, il chante en public sur la scène des théâtres.

Le conquérant

Trajan (98-117) est surnommé « le meilleur des princes ». Épris de justice, c'est un grand bâtisseur et un général habile. C'est sous son règne que l'Empire connaît sa plus grande extension.

Le protecteur

Remarquable chef d'État, **Hadrien (117-138)** a la sagesse de renoncer aux conquêtes pour mieux protéger l'Empire. Il fait ainsi ériger de hautes fortifications de pierre le long des frontières.

Du danger d'être empereur !

Sur la centaine d'empereurs romains légitimes (il y eut de nombreux usurpateurs !), 46 moururent assassinés, 5 périrent à la guerre, 8 se suicidèrent et 37 seulement décédèrent de maladie ou de vieillesse. Pour les autres, on ignore la cause et les circonstances de leur mort.

Le sage

Marc-Aurèle (161-180) est un philosophe soucieux du bonheur de son peuple. Il aime la paix mais doit faire la guerre pendant tout son règne afin de refouler les barbares qui menacent l'Empire.

Le converti

Constantin (307-337) est le premier empereur à se convertir au christianisme : la religion chrétienne, jusque-là combattue, devient la religion officielle de l'Empire. L'empereur est désormais un seigneur et un dieu devant lequel on se prosterne.

Près d'un autel, un taureau, un mouton et un porc vont être sacrifiés au dieu Mars.

Une religion très présente

Un général part à la guerre ? Un garçon et une jeune fille vont se marier ? Pour chacun de ces actes de la vie publique et domestique, la religion est présente, car les Romains veulent savoir si les dieux sont favorables ou non aux actes qu'ils accomplissent.

Au temple

Le temple est un bâtiment construit en l'honneur d'un ou plusieurs dieux et où l'on vient les vénérer. Pour s'attirer leurs bonnes grâces, les prêtres leur font des offrandes (vin, lait, fruits) ou sacrifient un animal, bœuf, porc ou mouton. Une partie de la bête est brûlée sur un autel en l'honneur des divinités. Le reste est cuit et consommé par l'assistance dans la cour des sanctuaires.

Un prêtre, l'augure, examine le vol des oiseaux. Il s'aide d'un bâton recourbé, le *lituus*, pour délimiter les différentes parties du ciel. Près de lui, un assistant amène une chèvre qui va être sacrifiée.

À la maison

Le laraire est un petit autel près duquel chaque famille honore les dieux protecteurs du foyer (les Pénates), de la famille (les Lares) et des ancêtres (les Mânes). Chaque évènement familial est l'occasion d'une cérémonie. Par exemple, quand une jeune fille se marie, elle offre sa poupée aux Pénates.

Un marché avec les dieux

En faisant un sacrifice, les fidèles s'adressent au dieu pour lui demander de bonnes récoltes, le remercier de la guérison d'un malade ou pour connaître l'avenir. Si le souhait est exaucé par la divinité, on la remercie par des offrandes, parfois par de l'argent. Si la demande ne se réalise pas, on refait le sacrifice ou on change de dieu !

Gardiennes du feu

Les vestales sont six prêtresses chargées de surveiller le feu sacré de Rome, allumé dans le temple de Vesta. Choisies très jeunes (entre 6 et 10 ans), elles habitent dans une maison sur le forum et ne doivent avoir aucune relation amoureuse avec un homme pendant trente ans. Si elles manquent à leur parole, elles sont enterrées vivantes !

Par tous les dieux !

Comme presque tous les peuples de l'Antiquité, les Romains honorent un grand nombre de dieux, la plupart empruntés aux Grecs. Ils leur donnent l'apparence et le caractère des hommes. Chacun possède des fonctions particulières et des attributs qui permettent de l'identifier.

Jupiter, **Junon** et **Minerve** sont trois divinités majeures, vénérées ensemble à Rome dans un temple sur la colline du Capitole. Jupiter, le dieu des dieux, porte « le foudre » et un sceptre. Il est parfois accompagné d'un aigle. Son épouse, Junon, reine des dieux et du ciel, protège les femmes. Quant à Minerve, casquée et armée d'une lance, elle est la déesse de la sagesse, de l'intelligence et des arts.

Mercure, dieu des voyageurs, des marchands et des voleurs, est coiffé du pétase, un chapeau rond muni de deux ailettes. Il tient une bourse et brandit le caducée, une baguette surmontée de deux ailes et entourée de deux serpents entrelacés.

Apollon est souvent représenté en train de jouer de la lyre, car il est le dieu de la musique. C'est également une divinité du soleil, du chant et de la poésie. Il possède en outre le pouvoir de guérir les maladies.

Mars est le dieu de la guerre. Brutal et impitoyable, il porte un casque et tient un bouclier et une lance. Il est aussi la divinité du printemps et de l'agriculture.

Neptune est le maître des océans et des mers, qu'il parcourt sur son char tiré par des dauphins ou des chevaux marins. Il porte une longue barbe et brandit un trident.

Un dieu venu de loin

La légende du dieu Mithra, célèbre pour avoir vaincu un taureau qui incarnait le mal, est née en Perse (actuelle Turquie). Elle fut rapportée à Rome par les soldats. De là, le culte de ce dieu étranger s'étendit dans tout l'Empire et connut un grand succès, car il prônait le courage, la loyauté et la fraternité.

Une société inégalitaire

Les Romains n'ont pas tous les mêmes droits. Les plus aisés, les patriciens, sont regroupés en deux catégories selon leur fortune : l'ordre sénatorial et l'ordre équestre. Les autres citoyens forment le « petit peuple », obligé de travailler pour gagner sa vie. Quant aux esclaves, privés de liberté, ils ne possèdent rien.

Les sénateurs sont des hommes puissants, issus de familles prestigieuses. Ils possèdent une fortune considérable s'élevant au moins à un million de sesterces. Ils consacrent leur vie à gérer leur domaine agricole et surtout à la politique, car ils siègent au sénat.

Les trois noms du citoyen romain

Comme nous, le citoyen porte un prénom et un nom de famille, mais ses parents lui donnent en plus un surnom. Par exemple, Cicéron, un avocat célèbre, s'appelait Marcus (prénom) Tullius (nom) Cicero (surnom), ce qui, en latin, veut dire « pois chiche » !

Les riches citoyens de l'ordre équestre sont moins fortunés que les sénateurs : il faut posséder « seulement » 400 000 sesterces pour appartenir à cet ordre. Ils font des affaires et aiment eux aussi la politique. Ils ne rêvent que d'une chose : accroître leur fortune pour accéder à l'ordre sénatorial !

Les artisans et petits commerçants vivent de leur travail : dans les villes et les villages, ils tiennent un atelier ou une boutique. Certains sont des étrangers, d'autres des citoyens qui jouissent du droit de vote, mais leur pouvoir politique est bien inférieur à celui des patriciens.

Les plébéiens sont des pauvres qui, pour vivre, doivent se mettre sous la protection d'un patricien. Devenus leurs « clients », ils viennent chaque matin recevoir nourriture et cadeaux de sa part. En échange, ils aident leur « patron » pendant les campagnes électorales.

Les esclaves sont des prisonniers de guerre ou des enfants d'esclaves. Ils assurent les travaux domestiques et agricoles ou s'adonnent à des travaux pénibles comme mineurs ou carriers. Véritables marchandises vivantes, ils appartiennent à leur maître, qui peut les rendre libres en les affranchissant.

Au cœur de l'armée romaine

Sur le forum, les portes du temple de Janus sont grandes ouvertes dès que Rome est en guerre. Or on raconte qu'elles ne furent fermées qu'à cinq reprises seulement ! L'armée joue donc un rôle essentiel tout au long de l'histoire romaine.

Une armée de métier

Sous l'Empire, l'État a besoin de beaucoup de soldats pour protéger ses frontières et conquérir de nouveaux territoires. On recrute donc massivement des volontaires : tout candidat robuste, âgé de 17 à 46 ans, est admis et s'engage pour 20 ou 25 ans. Les plus riches, capables d'acheter un cheval, servent dans la cavalerie, les autres dans l'infanterie. Protégé par un casque, une armure et un bouclier, le légionnaire est armé d'un javelot (*pilum*) et d'une épée courte (*gladius*).

La terrible décimation

La bravoure des soldats est légendaire. Et pour cause ! Si des troupes ont peur et reculent devant l'ennemi, elles peuvent être « décimées » : un homme sur dix est tiré au sort et immédiatement exécuté…

Pour se protéger des flèches et des javelots, les soldats se serrent les uns contre les autres et lèvent leur bouclier au-dessus de leur tête, formant ainsi comme une carapace de tortue.

Récompenses et punitions

La discipline est très stricte et toute faute est sanctionnée selon sa gravité. Les punitions vont de la privation de salaire à la peine de mort, en passant par la corvée. Un soldat courageux est récompensé par des avantages en argent ou par des décorations, colliers et couronnes, qu'il porte fièrement sur son uniforme.

Ce soldat tient à la main l'enseigne de sa légion, ornée d'un aigle. Il arbore ses décorations sur la poitrine.

Des légionnaires très organisés

L'armée se compose d'une trentaine de légions, commandées chacune par six tribuns militaires. Elles ont toutes un numéro, un nom et un emblème spécifique, comme par exemple la légion VIII Augusta, dont l'enseigne est un taureau. Une légion comporte environ 6000 hommes, divisés en soixante centuries. Celles-ci sont placées sous l'autorité d'un officier, le centurion, dont l'insigne est un cep de vigne.

La vie à Rome

La capitale de l'Empire est une ville immense qui compte au moins un million d'habitants. C'est une cité surpeuplée et bruyante où la circulation est difficile et les incendies fréquents. Il n'y a pas d'éclairage public, et se déplacer la nuit est dangereux.

Alors que les riches vivent sur les collines dans de superbes maisons, les habitants les plus pauvres s'entassent dans des immeubles collectifs appelés *insulae*. Pour loger plus de familles, ces immeubles comportent jusqu'à quatre étages mais, mal construits, ils s'écroulent souvent. On y vit sans confort, sans eau, sans toilettes et sans vitres aux fenêtres ! C'est pourquoi leurs habitants passent la journée dehors, à flâner dans les rues et au forum, à se détendre aux thermes et à frémir dans l'arène aux combats de gladiateurs ou aux courses de chars.

❶ Souvent installé à un carrefour, le *thermopolium* est une taverne largement ouverte. On y consomme sur le pouce des plats chauds et des boissons contenues dans des jarres disposées dans le comptoir.

❷ Pour éviter les bousculades dans les rues étroites, les gens aisés se déplacent dans une litière portée par des esclaves.

❸ Des fontaines publiques permettent de puiser de l'eau et de se rafraîchir, car les étages des immeubles ne possèdent pas l'eau courante.

❹ Les immeubles à étages sont généralement bâtis en briques. Le rez-de-chaussée est occupé par des boutiques et par des ateliers d'artisans, les étages par des logements loués par leurs occupants.

❺ Il n'y a pas de ramassage systématique des déchets : pour que les rues ne soient pas trop sales, les riverains nettoient les trottoirs devant chez eux.

❻ Les rues étroites sont encombrées par les chariots. Alors, pour éviter les embouteillages la nuit, leur circulation est interdite entre le coucher et le lever du soleil.

❼ Les habitants de Rome, petits et grands, aiment graver des graffitis sur les murs, des caricatures et surtout de brefs messages pour exprimer leurs sentiments.

Que de loisirs !

« Du pain et des jeux ! » C'est par cette célèbre formule qu'on résume la façon dont les empereurs traitent le peuple, en lui distribuant régulièrement du pain et en lui offrant des distractions, pour lui ôter toute envie de révolte. Les loisirs occupent en effet une place importante dans la vie des Romains.

Vive les gladiateurs !

Les Romains passent des journées entières à l'amphithéâtre, à regarder combattre les gladiateurs. Considérés comme des héros, certains d'entre eux sont aussi célèbres que les stars de football aujourd'hui. Surveillés par un arbitre, les duels peuvent s'achever par la mort de l'un des adversaires.

Impressionner l'adversaire

Les plus connus des gladiateurs sont les rétiaires, armés d'un trident, d'un poignard et d'un filet, et les mirmillons, munis d'une épée et d'un bouclier. Certains se donnent des surnoms terribles pour effrayer leur adversaire : Fulgur *(la foudre),* Ursius *(fort comme l'ours),* Ferox *(l'intrépide).*

Bêtes sauvages

Le matin dans l'arène, avant les combats de gladiateurs, les spectateurs s'enthousiasment pour les combats de fauves et les chasses dans des forêts reconstituées. Ils aiment aussi assister à l'exécution des condamnés à mort, qui sont livrés aux fauves.

Prêts ? Partez !

Les courses de char se déroulent au cirque, l'équivalent de nos hippodromes. Les plus spectaculaires mettent aux prises douze chars tirés chacun par quatre chevaux. Après sept tours, les prix sont remis au vainqueur au son des trompettes, sous les acclamations du public.

Au bain !

On va aux thermes surtout l'après-midi, mais pas seulement pour se laver. On peut y faire du sport, rencontrer des amis, se promener et se délasser. Le baigneur passe dans des salles chaudes, tièdes et froides et se fait masser.

Le goût pour le théâtre

Au théâtre, les comédiens portent des masques qui peuvent exprimer la joie, la tristesse ou l'effroi. Des danseurs, des musiciens, des jongleurs et des acrobates se produisent aussi sur scène. On joue parfois des tragédies, mais ce que le public préfère, ce sont les comédies.

Dans la maison

À Rome et dans les villes, les citoyens les plus riches résident dans de vastes et luxueuses demeures appelées *domus*, qui comportent de nombreuses pièces.

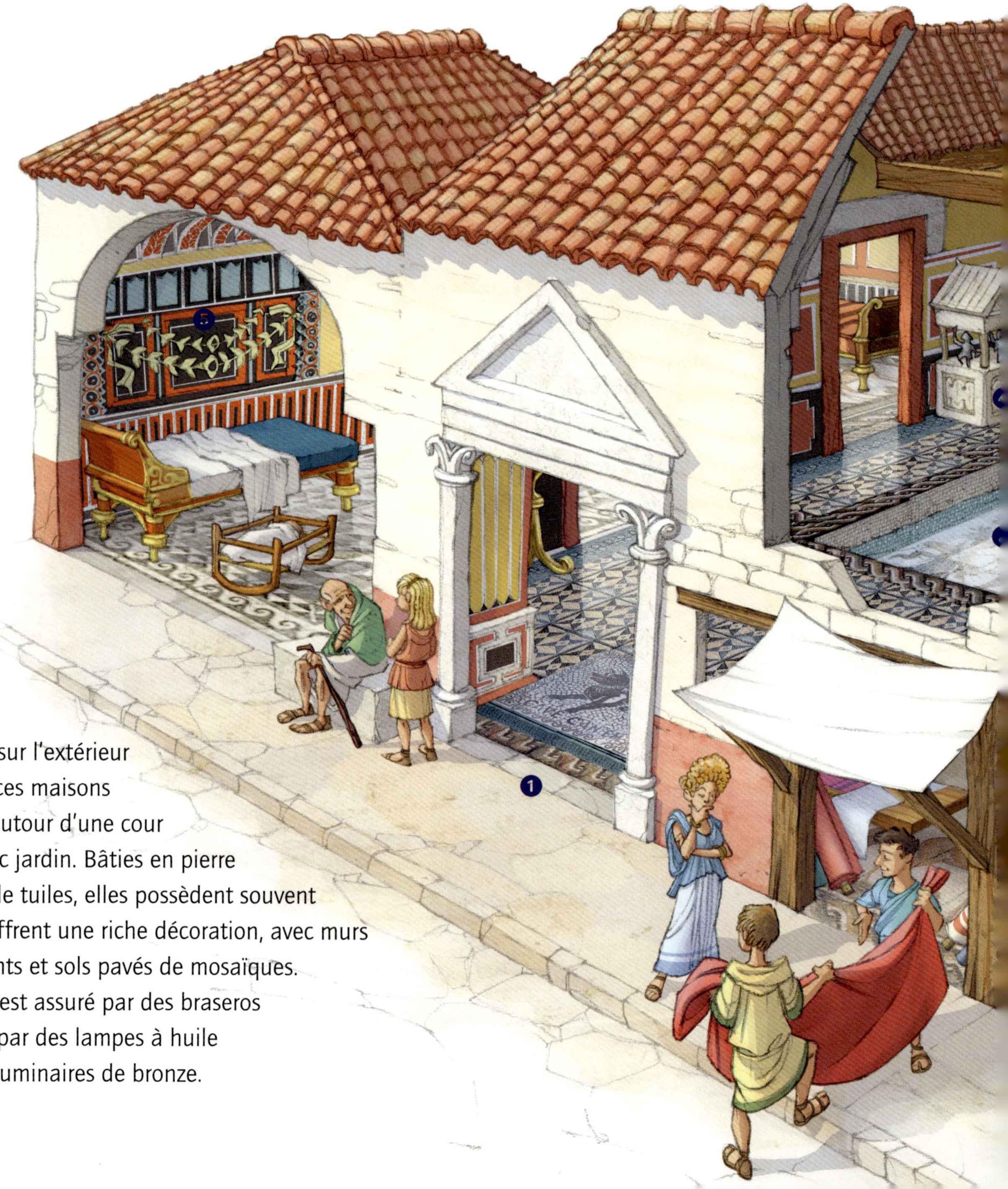

Peu ouvertes sur l'extérieur et sur la rue, ces maisons s'organisent autour d'une cour intérieure avec jardin. Bâties en pierre et couvertes de tuiles, elles possèdent souvent un étage et offrent une riche décoration, avec murs intérieurs peints et sols pavés de mosaïques. Le chauffage est assuré par des braseros et l'éclairage par des lampes à huile et de grands luminaires de bronze.

❶ Le couloir d'entrée est souvent orné d'une mosaïque représentant un chien et portant l'inscription *Cave canem* (« Attention au chien »).

❷ Après l'entrée, on accède à la pièce principale, l'*atrium*.

❸ Le toit est disposé en entonnoir et percé d'une ouverture sous laquelle se trouve un bassin, l'*impluvium*, qui recueille les eaux de pluie.

❹ Dans un angle de l'*atrium*, un petit autel, le laraire, abrite les dieux protecteurs de la maison.

❺ Les *cubiculi*, des chambres à coucher de petite taille, se répartissent tout autour de l'*atrium*.

❻ La salle à manger (*triclinium*), est voisine de la cuisine.

❼ Le *tablinum* sert à la fois de salon de réception et de bureau du maître.

❽ Au fond de la demeure s'étend le péristyle : un jardin d'agrément intérieur entouré de colonnes avec fontaine, bassin et statues.

❾ Des boutiques donnant sur la rue complètent ces magnifiques résidences.

Les travaux à la ferme

Sous l'Empire, l'agriculture connaît un véritable essor, bien que l'outillage et les techniques n'aient guère fait de progrès. Les Romains les plus riches possèdent de vastes terres à la campagne et des « villas », de grandes fermes où les ouvriers vivent au rythme des saisons et des travaux des champs.

❶ Une énorme production de blé

Les paysans labourent avec une charrue primitive, l'araire. Le blé, dont la production est encouragée par les empereurs, est la céréale la plus cultivée, notamment en Afrique du Nord et dans les Gaules. Il sert à fabriquer pains, bouillies et galettes, consommés dans tout l'Empire.

❷ Avoir de bonnes terres

Afin d'obtenir de meilleures récoltes, les paysans améliorent la qualité de leurs terres en y ajoutant du fumier. Cet engrais est produit près des étables, avec de la paille et les déjections des animaux. L'hiver, on le transporte dans les champs, où il est répandu.

1

2

3

❸ L'extension des vignobles

Les Romains sont des amateurs de vin. Aussi les vignobles s'étendent-ils dans une grande partie de l'Empire. Après avoir cueilli le raisin, les hommes écrasent les grappes dans une cuve pour en faire du vin, qui sera ensuite transporté dans des tonneaux et surtout dans des amphores.

❹ Des oliveraies par milliers

L'huile d'olive est très utilisée pour alimenter les lampes et pour cuisiner. On cultive donc beaucoup d'oliviers, principalement en Afrique. Les olives sont cueillies puis écrasées dans un pressoir actionné par des leviers. L'huile est ensuite stockée dans des amphores et vendue dans tout l'Empire.

❺ Le pain quotidien

Chaque ferme possède son four, dans lequel on cuit le pain pour les maîtres et pour les ouvriers. Très différents de nos pains actuels, les pains romains sont ronds, de petite taille, et on les coupe en parts triangulaires pour les manger.

4

5

Repas et banquets

Chez les Romains, le seul vrai repas de la journée est le dîner. Le petit déjeuner et le repas du midi sont plus légers, constitués généralement de pain et de fromage.

Le soir, les riches Romains invitent des amis et organisent de véritables banquets. Les autres prennent un repas plus modeste chez eux ou dans une auberge. Les plus misérables mendient tandis que les plus débrouillards se font inviter chez un puissant protecteur.

Au dîner, les convives mangent allongés sur des lits de table, le coude appuyé sur un coussin. Dans les plats, la viande est déjà découpée et on se sert avec les doigts, car on n'a ni fourchette ni couteau individuels. Pour rester propre, chaque invité apporte sa serviette de table. La vaisselle est en poterie mais chez les plus fortunés elle peut être en bronze, en argent et même en or.

Au menu, on trouve légumes, viandes, poissons, huîtres, volailles, œufs et fruits. Les aliments sont souvent bouillis et sans grande saveur. Alors les cuisiniers les relèvent avec du *garum*, une sauce de poisson très forte. Les Romains en raffolent et en ajoutent même dans les desserts !

Une recette romaine : la patina de poires

La recette de ce succulent dessert est donnée par Apicius, le plus célèbre cuisinier romain. La patina était un récipient de cuisson rond qui a laissé son nom aux plats qu'on y préparait. Les proportions sont données pour six personnes : Peler 1 kg de poires et les faire cuire dans une casserole avec un demi-verre de vin blanc doux (de type muscat), 5 cuillerées de miel, 1 cuillerée de garum (nuoc-mâm) et une pincée de cumin. Battre 6 œufs, les mélanger aux poires écrasées grossièrement. Ajouter du poivre et 1 cuillerée d'huile d'olive. Mettre au four 40 minutes à 200 °C dans un plat huilé. Bon appétit !

À la mode romaine

On imagine tous les Romains revêtus de la toge blanche dans laquelle ils se drapent. En réalité, dans leurs activités de tous les jours, ils peuvent s'habiller avec bien d'autres vêtements selon leur métier, la saison et la mode.

La toge

Cette grande pièce de laine blanche en forme de demi-cercle, longue de 6 m, est l'habit du citoyen. Pour la revêtir, il faut l'aide d'au moins deux esclaves. Peu pratique et salissante, elle n'est mise que pour sortir. Les enfants et certains magistrats portent la toge prétexte, bordée d'une bande de couleur pourpre.

La tunique et la pénule

La tunique est le vêtement de travail habituel. Courte ou descendant à mi-mollet, avec ou sans manches, elle est de différentes couleurs et serrée à la taille. Quand il fait froid, on y ajoute la pénule, un manteau rond entièrement fermé, comportant un trou pour la tête.

La *stola* et la *palla*

Sur une tunique, les femmes enfilent la *stola*, longue robe à plis, serrée à la taille. Souvent de couleur vive, ce vêtement est richement brodé en bas. Pour sortir, elles jettent par-dessus un grand châle rectangulaire, la *palla*.

La fibule

Les Romains ne connaissent pas le bouton. Alors, pour agrafer les deux plis d'un vêtement, ils utilisent une fibule, épingle double généralement en bronze, dont la forme et le décor sont très soignés.

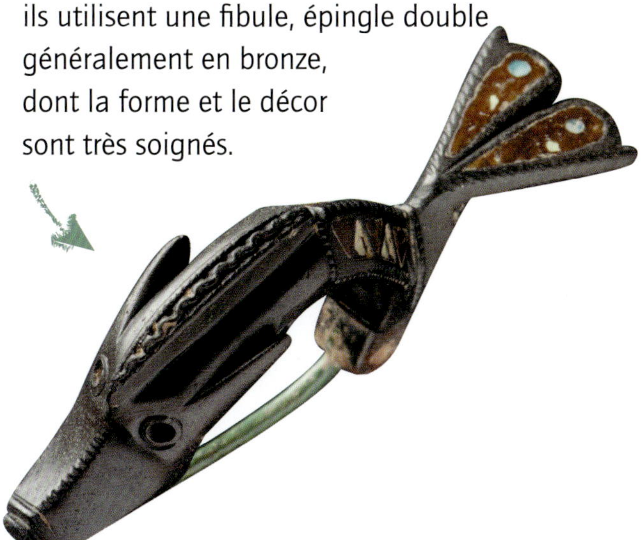

Des bijoux pour tous

Les hommes peuvent orner leurs doigts de bagues. Quant aux femmes aisées, elles adorent porter des boucles d'oreilles, des bagues, des bracelets et des colliers en or ou en argent. S'il fait chaud, elles agitent volontiers un éventail en ivoire pour se rafraîchir le visage.

La vie de famille

Aujourd'hui dans une maison, la famille se compose des parents, des enfants et plus rarement des grands-parents. À Rome, le mot latin *familia*, plus général, englobe aussi les serviteurs, les esclaves et toutes les personnes qui vivent sous le même toit.

Jour de mariage

Lors de la cérémonie du mariage, le futur époux fait semblant d'enlever sa fiancée, puis il la conduit chez lui. Désormais, elle fait partie de la famille de son mari. Alors, elle vient ranimer la flamme du laraire (*voir p. 13*) et honorer les dieux de sa nouvelle demeure. Toute la maisonnée est maintenant placée sous l'autorité absolue du nouveau mari.

A l'école

À 7 ans, les enfants des familles aisées entrent à l'école primaire, où ils apprennent à lire, écrire et compter. La discipline est rude et les mauvais élèves sont fouettés ! Les filles vont moins longtemps en classe et s'arrêtent à l'âge de 12 ans. Les garçons les plus riches accèdent à l'université, où ils apprennent l'art de raisonner et de bien parler en public.

Le rôle des femmes

Placée sous l'autorité de son père puis de son époux après le mariage, la femme est loin d'être l'égale de l'homme. Pourtant, tout comme lui, elle peut facilement divorcer si le couple se met d'accord. Elle ne participe pas à la vie politique, car elle n'a pas le droit de voter. Elle s'occupe donc surtout de sa maison, où elle règne sur les domestiques, s'occupe des enfants et file la laine.

De très jeunes mariés

À Rome, les fillettes peuvent être fiancées dès l'âge de 6 ou 7 ans. L'âge légal du mariage est de 12 ans pour les filles et de 14 ans pour les garçons.

De grands amateurs d'art

Dès le début de l'Empire, les artistes sont protégés par les souverains et peuvent plus facilement exprimer leur talent. C'est ainsi que Mécène, un proche d'Auguste, consacre sa fortune et son influence à encourager et à aider les écrivains.

Sculptures

Les statues en marbre des empereurs, des magistrats ou des citoyens célèbres décorent les forums de Rome et des villes de l'Empire. Dans les temples, les sculpteurs représentent les dieux et, dans les cimetières, ils ornent les tombes en représentant les défunts dans l'exercice de leur profession : le menuisier sur son établi, le maçon sur son échafaudage ou le cordonnier assis sur son banc.

Mosaïques

Ces assemblages de petits morceaux de pierre de couleurs variées forment sur les sols des motifs superbes que l'on peut admirer aujourd'hui dans les musées d'archéologie. Le mot « mosaïque », qui vient du latin, signifie « ouvrage inspiré par les muses » : les muses étaient les déesses des arts.

Peintures murales
Sur les parois des luxueuses demeures, les peintres aiment représenter des scènes de la vie des dieux. Un premier artisan passe un enduit blanc puis un second peint dessus les teintes de fond et les motifs qui se répètent (masques, guirlandes). Un dernier, enfin, exécute les éléments les plus élaborés, les personnages ou les animaux, par exemple.

Musique
Les combats de gladiateurs, les courses de chars, les pièces de théâtre, les sacrifices devant les temples et des cérémonies comme le mariage se déroulent en musique. Les principaux instruments sont la double flûte, l'orgue hydraulique, la trompette et le cor.

Poésie
Cette jeune fille tient des tablettes et un stylet en métal, le crayon de l'époque. Songeuse, elle cherche l'inspiration, car elle écrit des vers. La poésie est alors très prisée, et les empereurs organisent même des concours pour récompenser les meilleurs poètes.

Pompéi, cité ensevelie

Pompéi est aujourd'hui la ville la plus célèbre de toutes les cités romaines. C'était pourtant une petite ville paisible que rien ne préparait à un tel destin. Mais un jour, un volcan voisin entra en éruption et les cendres engloutirent rues, monuments et maisons.

Une catastrophe

Le matin du 24 août 79, le Vésuve entre subitement en éruption et, en quelques heures, une épaisse couche de cendres volcaniques recouvre la ville. Certains habitants (il y en avait environ 20 000) parviennent à fuir, mais beaucoup meurent asphyxiés ou ensevelis. La vie s'arrête brutalement, Pompéi est rayée de la carte et oubliée.

En cas de forte pluie, les rues pouvaient être inondées. Alors, pour traverser sans se mouiller les pieds, les habitants marchaient sur ces gros blocs disposés en travers de la chaussée.

La résurrection

Dès 1748, des fouilles mettent peu à peu la ville au jour. Ce que les archéologues découvrent, ce ne sont pas seulement des murs, des colonnes et des statues, c'est aussi le fournil du boulanger, le comptoir de l'auberge, les bassins des teinturiers et la trace de toutes les activités qui animaient Pompéi avant l'éruption.

Le moulage des corps

Plusieurs mètres de cendres ont recouvert hommes, femmes et enfants puis, en durcissant, ont formé une carapace autour des victimes. Les siècles ont passé et les corps se sont décomposés, laissant un vide à leur emplacement. En remplissant ces vides avec du plâtre liquide, on obtient le moulage parfait des corps, exactement comme ils étaient au moment de l'éruption.

Les cendres qui ont recouvert la ville ont parfaitement conservé les peintures et le comptoir de cette taverne.

D'autres villes enfouies

Pompéi ne fut pas la seule ville détruite et ensevelie par l'éruption du Vésuve en 79. Les cités voisines d'Herculanum, Boscoreale, Oplontis, Baïes et Stabies, situées elles aussi dans la baie de Naples, furent également rayées de la carte.

De grands bâtisseurs

Rome est dotée de constructions gigantesques et prestigieuses que toutes les cités de l'Empire cherchent à imiter. Aujourd'hui encore, on peut admirer les ruines de ces somptueux bâtiments.

L'aqueduc du pont du Gard
Un aqueduc est une conduite qui amène l'eau d'une source à un lieu habité. Long de 275 mètres, le pont du Gard ne représente qu'une toute petite partie de l'aqueduc qui alimentait Nîmes. Avec une élévation de 49 mètres, ce chef-d'œuvre d'architecture est le pont-aqueduc le plus haut du monde romain.

Le Colisée
Le Colisée de Rome est le plus vaste amphithéâtre de l'Empire. Long de 189 mètres, il peut accueillir 50 000 spectateurs. L'été, d'immenses toiles sont tendues du haut des gradins pour apporter un peu d'ombre. Là, se déroulent les combats de gladiateurs, et il arrive même qu'on remplisse l'arène d'eau pour y reconstituer des batailles navales.

Le théâtre d'Orange

L'un des théâtres romains les mieux conservés est en France, à Orange. Semi-circulaire, il peut recevoir 9 000 spectateurs. Les acteurs évoluent sur une scène fermée au fond par un grand mur. Contrairement à ce qui se passe aujourd'hui, on révèle le décor au public en abaissant le rideau au début de la pièce, au lieu de le relever.

La via Appia

La voie appienne est une des routes les plus célèbres de l'Empire. Elle relie Rome au sud de l'Italie. Pavée et creusée d'ornières, elle est bordée de tombeaux. Les Romains furent de grands constructeurs de routes mais, contrairement à ce qu'on dit souvent, rares sont celles qu'ils pavèrent entièrement.

Le forum

Le forum est le cœur de la ville de Rome. C'est une vaste place publique ornée de statues où se dressent de multiples bâtiments officiels : sénat, temples, basiliques, arcs de triomphe et marchés. On vient y faire de la politique, écouter des discours, traiter ses affaires, se promener et faire des rencontres.

Les premiers chrétiens

Au premier siècle après J.-C., les croyances et les traditions religieuses romaines commencent à s'essouffler. C'est alors que, venue d'une lointaine région de l'Empire, apparaît une nouvelle religion : le christianisme.

La diffusion du christianisme

Propagée par les disciples de Jésus, cette religion prône l'existence d'un Dieu unique, bon et indulgent. À ceux qui vivent selon ses préceptes, ce Dieu universel promet la vie éternelle. Jésus proclame également qu'esclaves ou puissants, tous les hommes sont frères. Le christianisme se répand peu à peu chez les pauvres, puis dans les hautes classes de la société.

Les persécutions

Ces nouvelles croyances s'opposent à la religion romaine, car les chrétiens refusent d'honorer les dieux traditionnels et de considérer l'empereur comme un être divin. Commence alors pour eux une longue période de persécutions : arrêtés et torturés, ceux qui refusent de renier leur foi sont livrés aux fauves dans l'arène.

Pour devenir chrétien, chaque nouveau fidèle reçoit le baptême en descendant dans un bassin rempli d'eau bénite, le baptistère.

L'Empire devient chrétien

Au début du quatrième siècle, cependant, les choses changent. À la veille d'une bataille, l'empereur Constantin aurait vu en songe un signe l'incitant à se convertir. Dès lors, il reconnaît officiellement le culte chrétien et se fait baptiser sur son lit de mort. Soixante ans plus tard, Théodose impose le christianisme comme religion de l'Empire, fait fermer les temples romains et interdit les sacrifices. C'est la fin des dieux romains.

C'est ce symbole chrétien, constitué des deux premières lettres du nom du Christ en grec, que Constantin aurait vu en songe. Les deux colombes tenant un rameau représentent la paix.

Les catacombes sont des galeries souterraines où les premiers chrétiens enterrent leurs morts dans des banquettes creusées dans les parois.

La chute de l'Empire romain

Après des années glorieuses, l'Empire romain s'écroule en moins d'un siècle, dévasté par les invasions. Mais d'autres causes moins visibles expliquent cette décadence : l'installation des barbares, qui minent l'Empire de l'intérieur, la corruption et la faiblesse de l'État, les épidémies qui affaiblissent les populations et surtout une crise morale qui fragilise la société.

❶ Théodose est le dernier empereur qui réussit à préserver l'unité de l'Empire. À sa mort, en 395, jugeant cet empire trop vaste, il le partage entre ses deux fils : l'un reçoit **l'Orient** (capitale : Constantinople), l'autre **l'Occident** (capitale : Milan). Désormais, on ne parle plus d'un Empire romain mais de deux, qui s'engagent vers des destins bien différents.

❷ Vers l'an 400 commencent les « **grandes invasions** ». En 410, Rome est pillée et mise à sac. Puis les Huns, un peuple terrible venu d'Asie centrale et commandé par Attila, déferlent sur l'Europe, chassant devant eux les Germains, qui envahissent l'Italie, la Gaule et l'Espagne.

❸ **Les Huns** entrent en Gaule mais sont repoussés en 451. Constatant la faiblesse du pouvoir romain, les Barbares se partagent l'Empire d'Occident et fondent des royaumes en Italie, en Espagne et en Gaule.

❹ Finalement, en 476 à Ravenne, un chef mercenaire barbare, Odoacre, détrône le **dernier empereur romain d'Occident**, Romulus Augustule, un adolescent de 14 ans ! C'est la fin de l'Empire romain d'Occident.

❺ Le destin de l'Empire romain d'Orient, appelé aussi **Empire byzantin**, est très différent, puisqu'il prolonge la tradition romaine pendant tout le Moyen Âge et ne prend fin qu'en 1453, avec la prise de Constantinople par les Turcs.

Quiz

À toi de trouver les bonnes réponses
à ces questions.
Un indice : elles sont toutes dans le livre !

1. Quel est le nom du dernier empereur romain d'Occident ?

A. Remus Césarius
B. Romulus Augustule
C. Romulus Néronus

2. Qu'est-ce qu'un laraire ?

A. Une charrue primitive
B. Une voiture à cheval
C. Un petit autel familial

7. Selon la légende, en quelle année fut fondée la ville de Rome ?

A. 753 avant J.-C.
B. 509 avant J.-C.
C. 27 avant J.-C.

8. Les combats de gladiateurs se déroulent :

A. Au théâtre
B. À l'amphithéâtre
C. Au cirque

9. Les riches Romains prennent leur repas du soir

A. Assis
B. Debout
C. Allongés

10. Les Romains utilisent des boutons pour fermer leurs vêtements :

A. Vrai
B. Faux

15. Quel empereur s'est fait baptiser sur son lit de mort ?

A. Auguste
B. Constantin
C. Néron

16. Comment s'appelle le chef des Huns qui envahissent l'Empire ?

A. Attila
B. Odoacre
C. Vercingétorix

17. Romulus et Remus sont les fils d'une princesse et du dieu :

A. Neptune
B. Mercure
C. Mars

18. Quel est le fleuve qui arrose Rome ?

A. La Seine
B. Le Tibre
C. Le Rhin

3. **Lequel de ces dieux ne fait pas partie des trois divinités vénérées sur la colline du Capitole ?**

A. Jupiter
B. Apollon
C. Minerve

4. **Un sénateur doit posséder une fortune d'au moins :**

A. Un million de sesterces
B. Dix millions de sesterces
C. Cent millions de sesterces

5. **Une légion compte environ 12 000 soldats :**

A. Vrai
B. Faux

6. **À Rome, les gens riches se déplacent en :**

A. Taxi
B. Carrosse
C. Litière

11. **Quel est l'âge légal du mariage pour les filles ?**

A. 6 ans
B. 12 ans
C. 18 ans

12. **Le volcan qui a englouti Pompéi s'appelle :**

A. Le Vésuve
B. Le Stromboli
C. L'Etna

13. **Pour se rafraîchir quand il fait chaud, les riches Romaines agitent :**

A. Un éventail
B. Une clochette
C. Un verre d'eau

14. **L'une des routes les plus célèbres de l'Empire est :**

A. La nationale 20
B. L'autoroute du soleil
C. La voie appienne

19. **Quel est le nom de l'assemblée de sages qui, à Rome, représente la plus haute autorité de l'État ?**

A. Le sénat
B. L'assemblée nationale
C. Le conseil municipal

20. **Mercure est le dieu :**

A. Des voyageurs, des marchands et des voleurs
B. Des voyageurs, des dentistes et des médecins
C. Des marchands, des bouchers et des charcutiers

Solutions

1. B - **2.** C - **3.** B - **4.** A - **5.** B - **6.** C - **7.** A - **8.** B - **9.** C - **10.** B - **11.** B - **12.** A - **13.** A - **14.** C - **15.** B - **16.** A - **17.** C - **18.** B - **19.** A - **20.** A

Lexique

Amphithéâtre
Immense monument de spectacle en forme d'ellipse, qui comporte une arène centrale où se déroulent les combats de gladiateurs et de fauves. Les spectateurs s'assoient sur des gradins disposés tout autour.

Archéologue
Personne qui se livre à des fouilles pour rechercher dans le sol les traces de nos lointains ancêtres.

Barbares
Pour un Romain, ce mot désigne tous les peuples étrangers à l'Empire dont il ne comprend ni la langue, ni les croyances, ni le mode de vie.

Consuls
Ces deux importants magistrats, élus par les citoyens, sont pendant un an les chefs de la République. Ils siègent sur une chaise particulière, la chaise curule, portent une toge à bande pourpre et, pour qu'on les reconnaisse, ils marchent précédés d'une escorte.

Forum
Place principale de la ville où se tiennent les réunions politiques. Statues et inscriptions en font un lieu de mémoire pour les habitants. Espace de rencontres, de discussions et de discours, c'est là que bat véritablement le cœur de la cité.

Latin
Langue parlée par les Romains. Avec l'extension de l'Empire, elle se répand dans les provinces, tout autour de la mer Méditerranée. Si les personnes éduquées parlent un bon latin, les gens moins instruits écorchent souvent les mots.

Magistrat
Citoyen romain chargé de régler les affaires courantes d'une ville, comme la police, la justice ou les finances. La plupart sont élus pour un an et, de peur qu'ils abusent de leur pouvoir, chaque fonction est exercée par plusieurs personnes qui prennent ensemble les décisions. Sous l'Empire, ils n'ont presque plus de pouvoir.

République
Ce terme vient du latin *res publica*, qui désigne la « chose publique », c'est-à-dire le partage du pouvoir entre tous les citoyens. Ceux-ci votent pour élire leurs représentants qui, en leur nom et sous leur contrôle, exercent le pouvoir.

Thermes
Le mot vient du latin *thermae* qui signifie « bains d'eau chaude ». Ces établissements se composent de salles chaudes, mais aussi tièdes et froides, dans lesquelles passent successivement les baigneurs. Les Romains se rendent aux thermes l'après-midi pour se laver, faire des exercices physiques, rencontrer des amis, se promener et se délasser.

Index

amphithéâtre 22, 38
Apollon 15
Appia (voie) 39
araire 26
archéologues 5, 36-37
artisans 17, 21, 34-35
augure 13
Auguste 5, 8-9, 34
Baïes 37
barbares 5, 11, 42
Boscoreale 37
caducée 14
Caligula 10
Capitole 14
Carthage 5
catacombes 41
centurie, centurion 19
César, Jules 5, 8
christianisme 11, 40-41
citoyens 8, 16-17
clients 17
Colisée 38
comices 8
commerçants 17
Constantin 11, 41
courses de chars 20, 23
décimation 18
dieux 12-13, 14-15
domus 24-25
école 33
empereurs 5, 10-11, 35
Empire 5, 8-9, 10-11
équestre (ordre) 16
esclaves 16-17, 30, 32
Étrusques 5, 7
familia 32-33
femmes 31, 32-33
fibule 31
forum 18, 20, 34, 39
Gard (pont du) 38
garum 29
Gaules 26
gladiateurs 20, 22, 38
graffitis 21
guerre 18-19
Hadrien 11
Herculanum 37
Huns 43
insulae 20-21
invasions 43
Janus 18
Junon 14
Jupiter 14
Lares, laraire 13, 24-25, 32
latin 8, 16, 34
légion, légionnaires 19
litière 20-21
lituus 13
magistrats 8-9, 30
Mânes 13
Marc-Aurèle 11
mariage 32-33, 35
Mars 4, 12, 15
Mécène 34
Mercure 14
Minerve 14
mirmillon 22
Mithra 15
mosaïque 24-25, 34
muses 34
musique 35
Neptune 15
Néron 10
Octave, *voir* Auguste
Odoacre 43
offrandes 12-13
Oplontis 37
Orange (théâtre d') 39
Palatin (mont) 5
palla 31
patina 29
patriciens 16
patron 17
peinture 35
Pénates 13
pénule 30
persécutions 40
pétase 14
plébéiens 17
poésie 35
religion 12-13
Remus 4
République 5, 8
rétiaire 20
rois, royauté 4, 7, 8
Romulus 4, 7
Romulus Augustule 43
sacrifice 12-13, 35
sénat, sénateurs 8-9, 16
servien (mur) 5
sesterces 16
Sévère Alexandre 5
Stabies 37
stola 31
Tarente 5
Tarquin le Superbe 5
temple 12, 35
théâtre 23, 35
Théodose 41, 43
thermes 20, 23
thermopolium 20-21, 37
Tibre 4-5
toge 30
Trajan 10
tribun 19
tunique 30
urne funéraire 5
Vesta, vestales 13
Vésuve 36-37
villa 26
vin, vignoble 27
vote 8, 16-17

Crédits iconographiques

Couverture : Yann Berte - **4e de couverture :** Adam Eastland/Alamy/Photo12 - **p. 1 :** stevanzz/Fotolia - **p. 4 :** De Agostini/Getty Images - **p. 5 haut droite :** Inklink ; **milieu gauche :** De Agostini/Getty Images ; **bas gauche :** Giorgio Albertini/Leemage - **p. 6-7 :** Christine Ponchon - **p. 8 haut :** BNF ; **bas :** G. Coulon - **p. 9 :** De Agostini/Getty Images - **p. 10 milieu gauche :** De Agostini/Getty Images ; **bas gauche :** www.BibleLandPictures.com/Alamy/Photo12 ; **droite :** DeAgostini/Leemage - **p. 11 haut :** Luisa Ricciarini/Leemage ; **bas gauche :** The Bridgeman Art Library/Getty Images ; **bas droite :** Michael Juno/Alamy/Photo12 - **p. 12 haut :** Photo Josse/Leemage ; **bas :** gianliguori/Fotolia - **p. 13 haut :** BNF ; **bas :** De Agostini/Getty Images - **p. 14 haut :** Dominique Geoffroy/Musée Alésia, fonds S.S.S., Conseil Général de la Côte-d'Or ; **bas :** DEA / A. Dagli Orti/Getty Images - **p. 15 :** De Agostini/Getty Images - **p. 16-17 :** Loïc Méhée - **p. 18 :** De Agostini/Getty Images - **p. 16 haut :** Luisa Ricciarini/Leemage ; **bas :** De Agostini/Getty Images - **p. 20-21 :** Inklink - **p. 22 haut :** Prisma Bildagentur AG/Alamy/Photo12 ; **bas :** De Agostini/G. Dagli Orti/Getty Images - **p. 23 haut :** akg-images/Erich Lessing ; **milieu droite :** Greg Elms/Getty Images ; **bas gauche :** Cisco Pelay/Alamy/Photo12 - **p. 24-25 :** Isa Python - **p. 26 n°1 :** De Agostini/Getty Images ; **n°2 et 3 :** Photo Josse/Leemage - **p. 27 n°4 et 5 :** Luisa Ricciarini/Leemage - **p. 28-29 :** Isa Python - **p. 30 gauche :** De Agostini/Getty Images ; **droite :** DeAgostini/Leemage - **p. 31 haut gauche :** De Agostini/Getty Images ; **haut droite :** AGF/Leemage ; **bas :** Inrap, Dist. RMN-Grand Palais/Denis Gliksman - **p. 32-33 :** Photo Josse/Leemage - **p. 34 haut :** DeAgostini/Leemage ; **bas :** funkyfood London - Paul Williams/Alamy/Photo12 - **p. 35 haut :** Ivan Vdovin/Alamy/Photo12 ; **bas gauche :** DEA / G. Nimatallah/Getty Images ; **bas droite :** DeAgostini/Leemage - **p. 36 gauche :** Janis Smits/Fotolia ; **droite :** Mary Evans/Rue des Archives - **p. 37 haut :** edella/Thinkstock ; **bas :** Alfio Ferlito - **p. 38 haut :** LianeM/Fotolia ; **bas :** stevanzz/Fotolia - **p. 39 haut :** roe/Fotolia ; **milieu :** Adam Eastland/Alamy/Photo12 ; **bas :** D.R. - **p. 40 gauche :** Luisa Ricciarini/Leemage ; **droite :** De Agostini/Getty Images - **p. 41 haut :** De Agostini/A. Dagli Orti/Getty Images ; **bas :** The Picture Desk/Collection Dagli Orti/Gianni Dagli Orti - **p. 42-43 :** Christine Ponchon

Dans la même collection